PAPER
A C T
B O O K

PLAY MY MOVIE

서평화 지음

저는 종이인형입니다

LET ME INTRODUCE
『PLAY MY MOVIE』

이 책은 우리가 좋아하는 영화들에서 영감을 얻은 12가지 SCENE을 담고 있어요. 9편의 영화와 3편의 가상 영화가 숨어 있답니다.

6쪽의 MY FAVORITE LIST에서 좋아하는 영화부터 선택하거나, 책을 훑어보며 마음에 드는 종이인형 배우를 캐스팅해서 오려보세요.

단! 한 번에 모든 영화를 오려버리면 손도 아프고 재미없을 수도 있어요. 한 편 한 편 영화를 보듯 자르기를 추천합니다. 그럼, 끝까지 재밌게 즐길 수 있을 거예요.

PROLOGUE

혼자 보고 싶은 영화들이 있습니다. 큰 갈등 없이 잔잔한 이야
기를 담은. 저는 그런 영화들을 좋아해요. 특히 성장영화와 요
리영화는 보고만 있어도 기분이 좋습니다. 이 책에는 제가 좋
아하는 영화 9편과 제 이야기 3편을 담았어요. 영화를 보셨던
분들에겐 공감을. 아직 보지 않은 분들에겐 궁금증과 새로움
을 드리고 싶었습니다.

아! 종이인형놀이를 시작할 때 추천하고 싶은 마음가짐이 있
습니다.
뭔가 집에 있기는 무료하고. 카페에 가고 싶은데 같이 갈 친구
가 없고. 혼자 책을 읽고 싶으나 읽고 싶은 책은 항상 도서관과
서점에 있죠. 무엇을 할까 고민되는 이때! 가위와 칼, 이 책을
들고 카페에 가서 커피를 한 잔 시키고 마음에 드는 영화를 골
라보세요. 그리고 오립니다. 또 오립니다. 계속 오려요. 오리다
보면 내 마음의 불안, 슬픔이 사라지고 (짜증은 조금 날 수 있
습니다만) 오리는 행위에만 집중하게 될 거예요.
이제 동글동글 오려낸 옷들을 하나씩 입혀보세요. 그러다 보
면 잠시이지만 기분이 말랑말랑해질 겁니다(아마도요). 부디
그랬으면 좋겠어요!

서평화

MY FAVORITE LIST

PROLOGUE

SCENE 7.
LIKE PRIDE&PREJUDICE

SCENE 8.
LIKE PEACE LAND

SCENE 9.
LIKE BILLY

SCENE 10.
LIKE LADY BIRD

SCENE 11.
LIKE BLUE IS THE WARMEST COLOR

SCENE 12.
LIKE 20TH CENTURY WOMEN

HOW TO PLAY

❶ 가위와 칼이 필요해요.
가위로 자르기 어려운 부분은 칼을 사용해주세요.

❷ 자르고자 하는 부분을 덩어리로 잘라낸 다음,
정교하게 오리면 좋아요.

❸ 라인에 딱 맞게 오리는 방법도 있지만,
흰 부분을 조금 남기고 자르면 자연스러운 느낌을 살릴 수 있어요.

❹ 다만, 주인공 몸을 오릴 땐 최대한 라인에
가깝게 자릅니다. 몸이 커지면 옷이
안 맞을 수도 있거든요.

❺ 잔머리는 주변에 흰 부분을 남기고
잘라도 돼요.

❻ 주인공의 몸에 거는 옷. 신발,
액세서리의 고리는 라인보다 살짝 크게 자르면
입힐 때 좀 더 편할 거예요.

❼ 가방 손잡이나 모자 등의 점선은
칼을 사용해 자릅니다.

❽ 모자 쓰는 법!
칼로 자른 점선에 머리를
쏙 넣어 씌웁니다.

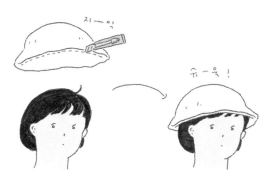

❾ 주인공의 엄지와 검지 사이에 살짝
가위집을 내면 액세서리나 소품을
꽂을 수 있어요.

⓿ 그밖에 소소한 팁들을 자기만의 방
블로그와 유튜브에 올려두었어요.
블로그 blog.naver.com/jabang2017
유튜브 youtube.com/jabang2017

Like Amelie

Like Amelie

보고 나면 기분이 좋아지는 영화들이 있는데 〈아멜리에〉가 딱 그렇습니다.
사랑스럽고 기분이 말랑말랑해지는 만화 같은 이야기여서 좋아해요.

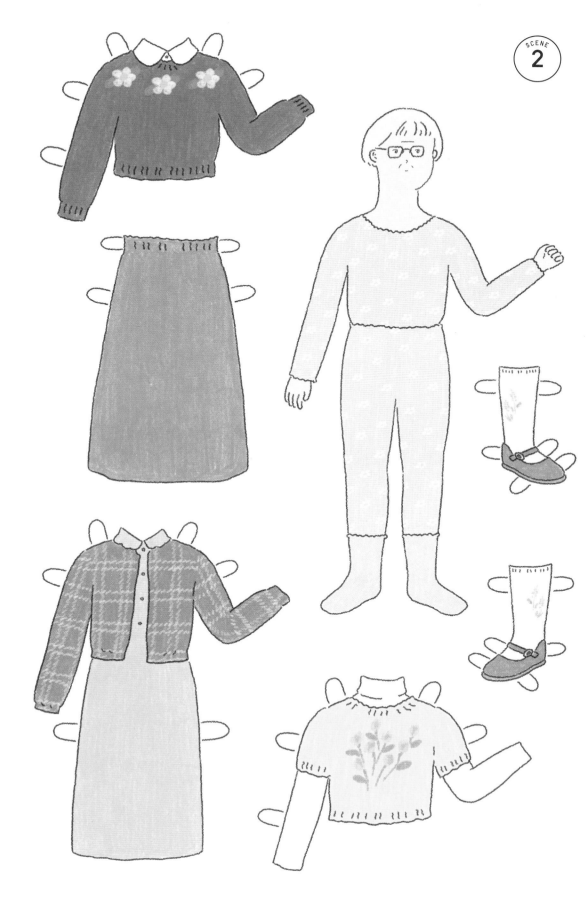

Like Kiki

Like Kiki

Like Kiki

할머니가 되어서도 꽃무늬 카디건과 원피스를 입고 싶어요.
조용하고 한적한 곳에서 고양이 두 마리와 함께
채소와 꽃을 심고 그림을 그리며 살고 싶습니다.
그거면 완벽해요.

Like Kamome Diner

Like Kamome Diner

하고 싶은 일을 해나가는 사람들,
자신의 일을 사랑하는 사람들을 존경합니다.
〈카모메 식당〉의 사치에 같은!

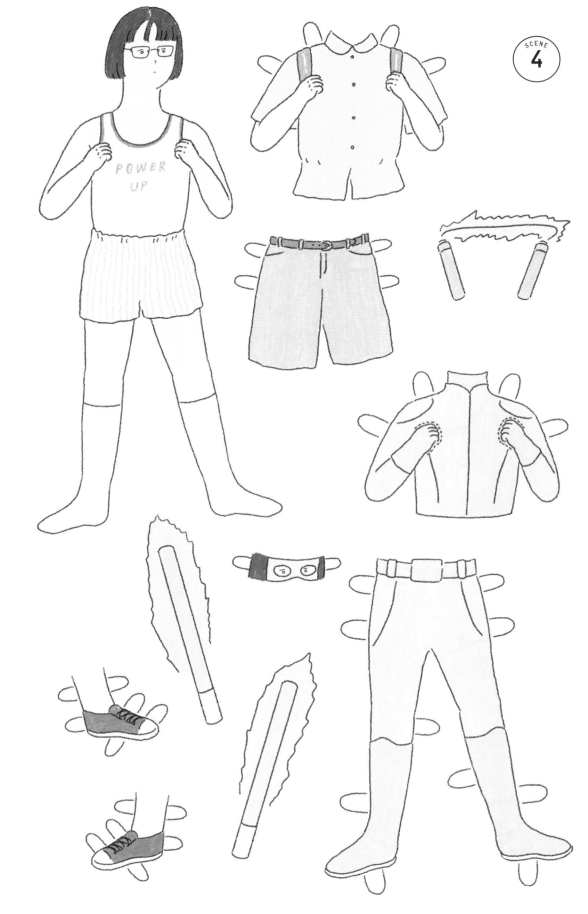

Like Power Peace Girl

Like Power Peace Girl

〈파워퍼프걸〉이라는 만화를 보다가
어느새 이런 그림을 그리고 있는 저를 발견했습니다.
소심하고 존재감 없는 주인공이 도시를 지키기 위해 변신하는
〈스파이더맨〉 같은 스토리와 〈고스트버스터즈〉 같은
비급 감성을 그려보았습니다. 흐흐.

Like Carol & Therese

Like Carol & Therese

Like Carol & Therese

지금이 겨울이고. 눈이 펑펑 왔으면 좋겠습니다.

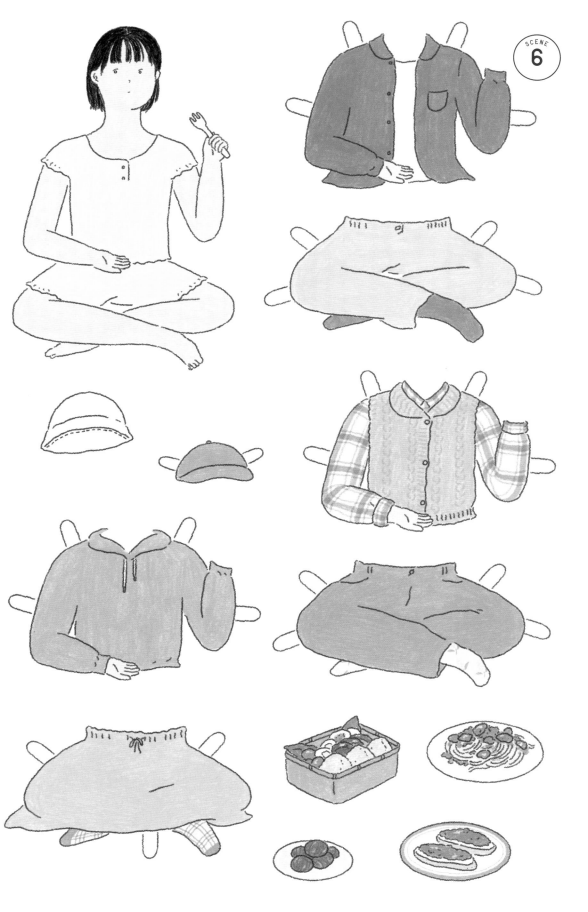

Like Little Forest

Like Little Forest

식사 때마다 나를 위해 한 접시의 음식을 준비하는 것, 쉬워 보이지만 정말 어려운 일입니다.
오로지 나를 위한 노력이기에 스스로를 사랑하고 아끼지 않으면 절대 할 수 없는 일이니까요.
먼 훗날 자립한다면 리틀 포레스트처럼 살아보고 싶습니다.
자연에서 살아 있는 기분을 느끼며 하루하루를 소중히 여기는 삶을요.

Like Pride & Prejudice

Like Pride & Prejudice

Like Pride & Prejudice

격정 로맨스를 좋아하는 저에게 〈오만과 편견〉은
최고의 로맨스 영화입니다. 둘을 보며 가슴을 부여잡고
울기도 하고 설레는 마음을 주체하지 못하기도 했던….
미스터 다아시, 사랑합니다.

Like Peace Land

Like Peace Land

Like Peace Land

Like Peace Land

저는 평일에 그림을 그리고 주말에는 빵집에서 알바를 합니다.
그림을 그리는 저는 자유롭고 성취감도 높지만, 종일 한마디도 안 할 때나,
스스로가 내린 결정에 책임져야 할 때는 조금은 외롭습니다.
사람이 들끓는 빵집의 알바생인 저는 정해진 룰대로 일하며 너무 많은 사람들을
상대하는 것에 지쳐 인류애를 상실하기도 합니다. 하지만 정직한 노동, 소속감,
정해진 규칙들은 주변 친구들과는 조금 다른 삶을 사는 저에게 현실감각이 무뎌지지
않게 도와주는 것들이라고 생각하기에 그 시간이 아깝지만은 않습니다.

Like Billy

Like Billy

꿈과 재능을 찾아내는 것만큼이나 그걸 지지해주는 사람이
곁에 있다는 건 정말 큰 행운인 것 같아요.

Like Lady Bird

Like Lady Bird

영화를 보며 귀찮고 지겨웠던 말들이 사랑에서 나온 걸 깨닫기엔
턱없이 어렸던 제 모습이 떠올랐습니다.
미안하고 후회스러운 마음. "당연히 널 사랑하지"라는 엄마의 말에 사랑 말고
날 좋아하냐고 되물었던 레이디 버드의 말이 오래 가슴에 남았습니다.

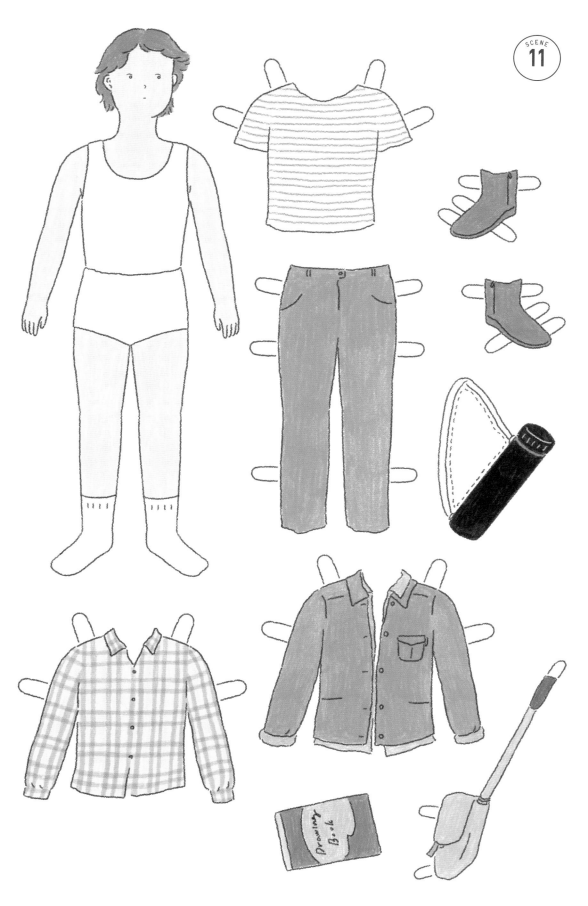

Like Blue Is The Warmest Color

Like Blue Is The Warmest Color

Like Blue Is The Warmest Color

아델이 느꼈을 불안함과 외로움이 너무 고스란히 느껴져서
엉엉 울었습니다. 그러고는 엄청 너덜너덜해진 상태로
아델이 먹던 토마토 스파게티가 자꾸 생각나서 아쉽게나마
토마토 카레를 먹으러 갔던 날이 있었습니다.

Like 20th Century Women

Like 20th Century Women

Like 20th Century Women

Like 20th Century Women

리스트 중 제일 좋아하는 영화입니다!

당당하고 주체적인 여성 캐릭터들과 OST, 영상까지 너무 완벽해요.

생리는 부끄러운 게 아니라며 "생-리!"라고 외치던 애비 역의 그레타 거윅이

특히나 맘에 듭니다. 아네트 베닝이 누군가의 엄마가 아닌 완벽하지 않아도 되는

하나의 주체로 표현된 점도, 엄마와 아들이 전형적인 모습이 아닌

개인 대 개인으로 부딪히고 이해하려는 모습도 너무 좋았습니다.

The End

Editor's letter

작가님이 그리고 저희가 만들었지만, 이 책의 가치는 자르고 오리고 입히는 '경험'을 더해야 비로소 완성됩니다.
주민 여러분이 손수 만들어갈 이야기가 궁금합니다. **민**

'대단하지 않지만 기분이 좋아지는'(한수희, 『무리하지 않는 선에서』)이라는 말에서 시작된 기획이었습니다.
이 책을 만들며 평화 작가님이 가장 자주 한 말이 있는데요. "하다 보니 욕심이 나서요"예요.
그만큼 자방팀도 정성 들여 만든 책입니다. 책 표지 안쪽의 극장도 '하다 보니 욕심이 난' 스튜디오 고민의
아이디어였고요! 만드는 과정에서 느꼈던 기분 좋아짐이 전해졌으면 좋겠습니다. **희**

"이거 왜 해?"라는 질문에 "그냥, 귀엽잖아"라고 답할 수 있는 행동을 내가 오랜만에 한다는 걸. 종이인형을 자르며
깨달았습니다. '할 일' 말고 '그냥 해보고 싶은 일'이 또 뭐가 있는지 좀 더 생각해보려고 해요. **애**

종이인형님께 가위를 댈 때마다 자꾸만 미안해졌습니다. 이래서 실사용과 소장용 두 개가 필요한가 봅니다. **령**

PLAY MY MOVIE :
저는 종이인형입니다

1판 1쇄 발행일 2019년 6월 25일

지은이 서평화
발행인 김학원
발행처 (주)휴머니스트출판그룹
출판등록 제313-2007-000007호(2007년 1월 5일)
주소 (03991) 서울시 마포구 동교로23길 76(연남동)
전화 02-335-4422 **팩스** 02-334-3427
저자 · 독자 서비스 humanist@humanistbooks.com
홈페이지 www.humanistbooks.com
시리즈 홈페이지 blog.naver.com/jabang2017
디자인 스튜디오 고민 **용지** 화인페이퍼 **인쇄** 삼조인쇄 **제본** 정민문화사

자기만의 방은 (주)휴머니스트출판그룹의 지식실용 브랜드입니다.

© 서평화, 2019
ISBN 979-11-6080-273-3 13630

이 도서의 국립중앙도서관 출판예정도서목록(CIP)은 서지정보유통지원시스템 홈페이지
(http://seoji.nl.go.kr)와 국가자료공동목록시스템(http://www.nl.go.kr/kolisnet)에서
이용하실 수 있습니다. (CIP제어번호: CIP2019022473)